Fritz Deppert

Trockenblumen

Haikus

© 2016
Herstellung und Verlag:
BoD – Books on Demand,
Norderstedt.
ISBN: 9783743142084

Der Schneemann taut jetzt
in das neue Jahr;
sein Eisherz wird zu Tränen.

Wintermüdes Herz –
Sieh doch, der Regen
Wird nun wieder zärtlicher.

In Christrosenweiß
blühen die Ahnengräber;
wir träumen Veilchen.

Die Adern rauschen,
Föhn bläst Schnee vom Dach.
Kirschblüten: das Wetter kippt.

Ob er mir Glück bringt?
Marienkäferfrühling
auf der Fensterbank.

Blütentraumklänge
in den Baumharfen;
Märzwind löst den Winterschlaf.

Als der Springbrunnen erwacht,
klatschen ihm Krokus
und Tulpe Beifall.

Warum blühst du nicht, Kirschbaum?
War die Nacht zu kalt
oder alterst du?

Deine weiße Hand
und der Mandelbaum,
wann werdet ihr erröten?

Der Wildkirschstrauch hat
Schnee in Blüten verwandelt.
Mein Schal schläft im Schrank.

Frühlingsduft atmend
schlägt mein Frostherz aus
trotz winterkalter Hände.

Windharfen werden
die Trauerweiden,
summen Frühlingsgesänge.

Herzringe aus Eis,
ach, und so schneeglöckchenweiß;
der Mandelbaum blüht.

Stimmbandfrost, getaut,
der grüne Drachen Frühling
öffnet die Augen.

Krokusse im Gras;
auch Wolkenweiß erwärmt sich
und öffnet die Faust.

Leiser Aprilschnee,
Blüten sanft küssend.
Amselgesänge zögern.

Die Kirschbaumallee
umarme ich tief atmend.
Blütenweiß das Haar

Der Mandelbaum blüht
mir den Winter weg.
Sonnenuhren erwachen.

Frühlingsgefühle:
Aus meinen Wörtern
schwirren Zitronenfalter.

Das Eis taut aus den
Mündungen der Springbrunnen;
Schneerest im Grauhaar.

Alter Weidenbaum,
in den ersten Frühlingswinden –
warum fielst du schon ?

Zerträte ich ihn,
den blühenden Löwenzahn,
könnt' ich ums Haus gehen.

Wintergedanken.
Aus Frostherz und Eislunge
löscht sie Apriltau.

Blühendes Wasser,
die Weidenbäume schütten
Früchte in den Teich.

Ein Blau und ein Gelb
im Grün der Weidenblätter,
Gesang der Meise.

Magnolien blühen
ein Frühlingsfeuer
in unsere Augäpfel.

Talauf der Sturmwind
fährt in Blütenduft,
der Fliederbaum verneigt sich.

Blauer Himmel und Sonne,
wir liegen im Gras;
traumleicht schweben wir.

Wind streift tückisch sanft
um Fichtenstämme,
Wetterleuchten hinterm Berg.

Blitz- und donnergeil
fliegen Krähen wolkenhoch,
der Turm schwankt im Wind.

Runderneuerte Sonne,
Schwarzfrackamsel singt
Sommerarien.

Glühwürmchennächte;
Mücken stechen mir
den Sommer unter die Haut.

Himmelblau, ein Stück,
in Rinnsteine gefallen,
wiegt schwerer als Kies.

Rinnsteine zartweiß;
Kastanienschnee,
sanfter Maiwind streute ihn.

Sommer im Geäst,
Sternmagnolienwolke,
Wildkirschen blühn noch.

Weckgeräusch im Haus:
Die ungetrübten Himmel,
Atem beschlägt sie.

Sekundentode.
Ein pflaumenblauer Himmel,
gletscherblauer Bach.

Ein Sommerlachen:
Ginsterblüten prickeln leicht
die Hänge empor.

Sonne verschleiert,
Regen kämmt Kettenfäden
von Dächern herab.

Die Knallgeräusche
dort im Wiesenklee:
Die Ginstersamen platzen.

Schlafenszeit wäre,
doch Fledermäuse
tanzen im Vollmondsommer.

Sommerfliederduft,
er macht mich süchtig.
Bin ich schon ein Schmetterling?

Im Regen gehen,
Tropfen in die Augäpfel.
Nun kann ich weinen.

Sonne bricht Wolken,
Regentropfen bunt
im Blattwerk des Wildkirschbaums.

Wintergraues Haar.
Weißwolkig blau der Sommer,
er wärmt noch das Herz.

Alter Apfelbaum,
er trägt nun wieder Früchte;
die Axt verberg' ich.

Sommerfliederduft
in den Wind gestreut;
Pfauenaugen starben schon.

Wind bläst seine Backen auf;
er wird mir Atem
und Haare färben.

Spätes Abendrot:
Glühender Schlafmohn
erhellt die mondlose Nacht.

Sichelmond schneidet
Echos zwischen Gestirne.
Zeit und All stehn still.

Weglabyrinthe.
Nacht löscht die Farben,
nur Schattenrisse bleiben.

Weißer noch als Schnee
war dein Leib im Mondenschein,
doch es tagte schon.

Kälte treibt Bäumen
Röte in das Laub.
Wind lockt schon Blätter zum Tanz.

Blätter stürzen gelb.
Das Jahr geht davon,
die Krähen beschreien es.

Vergänglichkeiten:
Die Fensterbänke
färbt Weinlaub mit dunklem Rot.

Stechmückenplage,
doch weiß und kühl der Mond
und Riesling im Glas.

Die ersten Äpfel,
sie fallen wespenbenagt;
du sprichst von Abschied.

Noch bevor sie erröten,
schweigen die Blätter,
windheiser sind sie.

Gelbe Blätter noch
dem kalten Wind trotzend im Ast.
Füße rascheln im Laub.

Sterben ist ein stummer Tanz,
die Blätter fallen
schweigend vom Kirschbaum.

Aus blauem Himmel
fällt ein Blatt vor die Füße;
war es nur der Wind?

Tränensalz kühlend,
fallendes Blattgelb
küsste uns die Augen zu.

Nachtigall zersingt
die Trostlosigkeit im Park,
auch Tränen trocknen.

Rauschen im Herbstlaub,
ein Knirschen im Kies:
der tote Freund ging vorbei.

Nebel beschneidet
die Welt zu einer Insel,
Elstern dort und ich.

Herbstlaubsonate:
In gefallene Blätter
trommelt der Regen.

Zwischen Bleistiften
die trocknenden Herbstblätter,
Wörter steigen auf.

Himmel löst sein Blau
horizontweiß zenitschwarz;
ein Erinnern bleibt.

Galläpfel färben
das Herz der Amsel,
es schlägt schneeleicht und langsam.

Gärtner beziffern
kahle Herbstbäume, rechnend
mit Zuwachs und Tod.

Traubensüße aus
novemberblauen Himmeln,
süffig wird der Wein.

Kaminfeuerduft,
Wespen torkeln von
Apfel- zu Birnenfäule.

Erinnerungen,
der alternde Wein,
die Stühle und wer dort saß.

Ein Eisregen schneit
gegen den Herzmuskel,
er verzögert den Pulsschlag.

Umarmungen des Efeus
löschen die Namen
Gottes vom Grabstein.

Kirchtürme stürzen
in den Nebel ab.
Illusionen sterben.

Die gelben Chrysanthemen
auf Gräber gelegt,
wen erwarten sie?

Grabsteingranite,
die Krähen trauerbefrackt.
Immortellentrost.

Terrassenkälte,
auf Schultern Haargrau.
Der Wind treibt Pfützenschiffe.

Verbeugungen der Rose.
Herbsthimmel breiten
Taubenflügel aus.

Im Fass junger Wein.
Die Gläser klirren im Schrank:
Trinklust, birkengelb.

Im Fass reift der Wein,
Blätter träumen Flug und Tod.
Auch Liebe altert.

Streuäpfel mosten:
feige Herbstdiebe
haben die Sonne geraubt.

Krähen besetzen
Spielplätze im Park;
Ostwind pflückt welke Rosen.

Waldkauz schreit sein Lied
vom leichten Sterben,
als wäre der Tod ein Spiel.

Pfützen wachsen nun
Häute brüchigen Eises
gegen die Füße.

Zaubernussblüten:
zarte Beständigkeiten.
Winter mag kommen.

Atem anhalten,
Eiskristalle fallen und
ritzen die Kehle.

Die Atemwege
erfrieren im Ostwindeis,
das Herz pocht leiser.

Fensterscheiben freiatmen,
Frostrosen fallen,
Augen frieren noch.

Wind öffnet das Fenster,
in die Papiere schneit es
Frostkonsonaten.

Das Reiherstandbild,
einbeinig späht es
nach Goldfischen im Eisloch.

Diebische Elster
stiehlt mein Lachen und deines
für ihr Winternest.

Tanz der Kristalle
über jungfräulicher Stadt,
Schneestille schwebend.

Woher und wohin?
Die Gartenwege tilgte
faltenloser Schnee.

Unterm Mistelzweig
dürfen wir küssen, aber
die Lippen sind kühl.

Schornsteine frieren,
die Eintagsfliegen
bringen das Jahr zur Strecke.

Eisblumen wachsen
fensterher auf Vasen zu,
Frost besetzt das Haus.

Schneetreiben waldher,
die Bilder eines Sommers
brennen im Kamin.

Gelbes Winterhaar,
die Weide kämmt es, Hoffnung
für mein Trauerherz.

Frostblumen treiben
in meine Lungenflügel
gezackte Blätter.

Auf Dächern Schneekristalle;
die Kerze zittert
in meinem Atmen.

Am Morgen der Raureifnacht
Bäume und Sträucher
weiß nun wie mein Haar.

Selbst Nadelbäumen,
den immergrünen,
färbt Raureif jetzt Haare grau.

Wie im Blätterfall
übt der Schnee aus den Zweigen
leiser zu schweben.

Schneemützige Bank,
Wintersonnen spiegeln sich,
Windmesser schneiden.

Winterdürre knarrt
in frostverengten Adern,
die Herzknospe friert.

Auf Narbenspuren
Schneeflocken windgebreitet.
Weißes Erinnern.

Papier, blütenweiß,
Frühlingsgedichte,
als wäre Winter vorbei.

Im beschneiten Wald
Stille, schwarz und weiß;
einsam gehend, friere ich.

Die Winterkälte
treibt Tränensalze
gegen die Fensterscheiben

Nachricht Frostrose
weckt trügerische Hoffnung:
die Krähen schreien.

Schnee fangen mit offnem Mund.
Im Weißflockentanz
die Winterschwermut.

Eis schmeckt nur bitter
auf meiner Zungenspitze
so ohne Frühling.

Die ersten Blüten
in den Kirschbäumen?
Ach, es ist nur der Raureif.

Schneeglöckchen blühen
Vergeblichkeiten
des vergangnen Jahres weg.

Fritz Deppert, Jahrgang 1932, lebt in Darmstadt, ist PEN-Mitglied, Ehrenpräsident der Kogge und Lektor des Literarischen März. Zahlreiche Buchveröffentlichungen, Gedichte, Romane und Essays.